maailmannapa.samuli@gmail.com
Ulkoasu ja taitto: Marleena Heikkilä
Kustantaja: BoD – Books on Demand, Helsinki, Suomi
Valmistaja: BoD – Books on Demand, Norderstedt, Saksa
ISBN: 978-952-80-0866-8

MAA-ILMAN-NAPA

SAMULI LAMPINEN

Suhtaudu elämään siten kuin olisit sen itse
valinnut ja elä se niin, että pahimmassa
tapauksessa voit elää sen uudelleen.

KAHDEN REPUN REISSU

1.

Ellet sinä olisi ollut niin tarkkana olisin unohtanut hammasharjan
ja tahnan edelliseen kylpyhuoneeseen.
Vastuun lihas löystyy heti,
kun en ole reissussa yksin.

Käymme KGB-museossa tutustumassa norsulauman sieluun.
Gestapo-talossa vertaamme sen erityispiirteitä
elefanttien identtiseen kuiluun.

Väitteen mukaan historia on 90% maantiedettä
ja 10% loogista päättelyä.
Suomalaisen tutkinnan mukaan erinomaisuuden
ja sisun hienovaraista tinktuuraa,
joka tuoksuu metsältä.

Ompelen kadulta löytämäni Užupio Res Publikan lyseon hihamerkin
juomapullon suojukseen.
Siinä kultasiipinen nainen puhaltaa kultaiseen torveen
kultaisilla laineilla tasapainoilevalla kultaisella pallolla
mustikan värisessä yössä.

Aidalle levitetyt pyykit, muurissa kuivuvat luodinkolot.

2.

Elokuvista tuttu vesisade vihmoo hytin ikkunaa.
On lokakuu. Asumme Veikseliin parkkeeratussa laivassa.
Uprising-museossa käynnin jälkeen
ailahteleva yskäsi on kehittynyt oikeaksi flunssaksi.

Ostimme makkaraa, leipää ja juustoa.
Syömme hytissä sylistä kuin oravat.
Käytämme tarvikelaatikon kantta leikkuulautana.
Viikunoita ja teetä, oliiveja, omenoita ja porkkanoita.
Kosteutta on mahdotonta paeta. Kuumeesi nousee
kahdessa makuupussissa.
Vuoraamme ulkoseinän huovilla ja tyynyillä.

Tunnelma on sitä,
kun kaikki ei ole tiptop, mutta se on tuttujen käsien ulottuvilla.

3.

Sinä jäit hyttiin lepäämään,
tämä on yhden miehen operaatio.
Istun Antrakt-kahvilassa.
Tuntemattoman sotilaan haudalla oli alkamassa
joku sotilaallinen happening.
En tahtonut jäädä sen jalkoihin.
Tuolilla kuivuvat vaatteet
näyttävät väsyneeltä mieheltä,
jonka rahat riittävät vain sokeriin ja suolaan.

Tilaan toisen kahvin. Minulla on aikaa.
Selailen muka muina miehinä
City in the Land of Nodia.
Laskun jälkeen
jätän sen pöytään
yhteyshenkilöä varten.

4.

Löydämme varaamamme huoneen perinteisin keinoin
vastaantulijalta vastaantulijalle jatkamalla.
Tässä pimeydessä katujen nimet menevät satelliiteiltakin sekaisin.
Ääneni on vaarassa.
Moderni hiljaisuus hurisee päälle. Nämä rivit pitää tehdä
vaikka käsimerkein.
Ilman Hollywoodia
ei tulisi mieleenkään etsiä jonkun Schindlerin tehdasta,
ja nyt mieleen ei muuta mahdu.

Ajamme raitiovaunulla sillan yli.
Syömme maitobaarissa liemessä kelluvia klimppejä.
Syömme arabialaisessa välimerelliset burgerit.
Digiruokarukoilemme molemmista kuvan
sosiaaliselle jumalalle.

Älä koskaan anna kerjäläiselle.
Ole ystävällinen – tai vähintään, pidä hirviösi kurissa.
Syö hyvin. Juo paremmin.
Älä koskaan jätä maksamatta kerjäläiselle.

5.

Mielettömyys ei muutu ymmärrettäväksi skaalaamalla sitä suuremmaksi
eikä puuhastelu taiteeksi, vaikka sen tekisi kuinka isoksi,
vaikka se laitettaisiin esille,
ei vaikka taidekriitikko,
ei vaikka kuka.
Murha ei muutu oikeudeksi,
vaikka niitä tekisi kuinka monta.
Hyväksyminen ei auta.
Voima sitä vastaan ei auta.

Ainoana vaihtoehtonakaan se ei ole oikeus,
vaan sitä suurempi vääryys.

Kivi ottaa aina kantaa.
Metsässä, kengässä.
Tulessa,
muurissa.
Vedessä, ilmassa, maassa.
Sydämessä.
Kantaa ainaisuudessa
sille mitä ei voi olla,
mutta on meidän vastuullamme.

6.

Sinä yrität unta aamiaisen päälle.
Hissi kulkee kerroksissa huoneet portaissa.
Koetin minäkin, mutta sitten avasin Kozelin
ja laiton minibaarin töpselin seinään.
Päivä on jälleen pilvinen. Päässä tuulee. Kaappi tulee
iltapäiväksi viileä.
Huomenna matkustamme Bratislavaan tai Wieniin.
Tänään on perjantai.
Yhdysvallat valitsevat Clintonin elleivät he ole hulluja.
Vaihtoehdot ovat vähissä.
Thaimaan kuninkaan kerrotaan kuolleen.
Jos atomisota syttyy, kaikki muu sammuu
ja Putinin on laitettava paita päälleen.
Trumpilla on pienet kädet.
He löytävät aina sen tärkeän mistä kirjoittaa.
Julkisuus on kaksisuuntainen puutostila.

Jos minä herään, menemme katsomaan kommunismia museoon.
Se on sille hyvä paikka.
Nyt on kapitalismin vuoro.
Sitä täytyy aivan miettiä, että tajuaisi, kuinka vähästä kaikki riippuu
ja kuinka lähellä ne ovat toisiaan:
henki, kvantti ja massa.

Ja kuka heistä ikinä tuleekaan valituksi,
se koituu kolmansien puolien kestettäväksi.

Naisen hymy valkoisissa lakanoissa.

7.

Kirjoitin runon, josta tulikin kauppalista.
Painan sen mieleeni, mielen taskuuni.
Astumme kadulle
rakennusten kermavaahtokrumeluurin säksätykseen.
Otat kaikesta siitä kuvan.
Joihinkin tahdot naamani.
Mahtuuhan siihen muutakin.
Kävelemme eteenpäin.
Suihkulähteet niin suuria.
Torilla katsotaan kelloa.
Joudutaan kuvaan.
Syödään maailman parasta saherkakkua.
En tiedä vaikka olisi pahinta.
Wien on ruma kaupunki.

8.

Sateen rauha on väistynyt.
Nyt on auringon vuoro koettaa.
Vuoret hengittävät.
Tulipesä on valmis.
Savun haituvia tulen räiskähtelevissä hiuksissa.
Kylä on autereinen. Aamu on.
Leipäauto hyräilee Lambadaa ajaessaan ohi.
Koirat puhuvat tapahtuneesta pitkään.
Korpinmustassa kolmijalassa seisovaan pataan
tulee kaikki se minkä tänään saamme.
Rauha on väistynyt. Vuoret hengittävät.
Huomisesta ei kukaan tiedä.
Ihmisten aika koittaa.

9.

En tunnista moskeijaa ikkunassamme. En ole elänyt
täällä aikaisemmin.
Illan äänet, kahviloista vuotava musiikki.
Yritän olla hiljaa, että saisit nukuttua.
Lupaan mustata vain muutaman rivin
ja liittyä sitten seuraan.
Koira haukkuu jossakin. Juhlatunnelmaiset tytöt
pälpättävät käytävässä.
Siinä on kaksi tornia.
Kivestä tehty saippuakuplasto Jumalan äidin väreissä.

Sininen moskeija.
Kaikki on siistiä kuin kylpyhuoneessa, kaakelit,
pehmeä kokolattiamatto rukoiluun
ja rukousaikojen väliseen loikoiluun.
Naisten osa on sovitettu kenkähyllyjen taakse.
Kun he nostavat katseensa,
he nostavat katseensa miestensä jalkineille.
Siinä se on sanottu.
Kulttuuria, joka on keksinyt nollan
ei pidä aliarvioida.

10.

Turisti otattaa itsestään valokuvaa
Pierre Lotin kahvilassa
Atatürkin iäisyyteen siirtymisen vuosipäivänä.
Siihen ei saa tulla vaatetelinettä,
mutta tsatsikin värinen kaakeliuuni siihen pitää tulla.
Massat eivät tahdo sisään,
he istuvat mielummin puutarhan terasseilla.
Fetsipäiset tarjoilijat sukkuloivat heidän ja keittiön välillä.
Rahastaja on kasvanut kassalippaaseen kiinni.
Elämme kaapeliradan vuosisataa mukulakivien aioonissa.

Kävelemme hautausmaan kautta alas.
Sata vuotta sitten
kaikkia siltoja ei ollut.
Aurinko oli. Oli ihmisiä, joki, plataanit.
Heitä jotka kirjoittivat.

11.

Varallisuuteni on tässä. Meri hengittää. Sielu vaeltaa
höyrylaivan nopeudella.
Nousuveden muotoilema roskavana
tai hiekassa jalkaterää väijyvät pullon pirstaleet,
eivät huoleta ketään.
Täydellisyys on pintailmiö. Oikealta etäisyydeltä katsottuna
kaikki on kaunista.
Emme me etsi totuutta
vaan tarinaa,
joka huuhtoisi mukaansa.

12.

Poliisi otti valokuvan
kahdesta yläosattomuuteen eksyneestä auringonpalvelijasta
ja jututtaa nyt sen majapaikan vastaavaa,
jonka kohdalla mainittu törkeys tapahtui.
Tervetuloa Mangroviaan!
On low season ja poliisin on elettävä
vain harvojen tarjoamista mahdollisuuksista.
Minä olen kuin en olisi, jotta voin seurata tilannetta;
huomaan kyllä varjostani että olen lihonut.
Kaikki hymyilevät
paitsi majatalon vastaava.
Turistit selviävät kokemuksesta rahalla,
mutta manager on menettänyt kasvonsa.
Hänelle jää pilvien tunteet, hiekkaan tökätyt
tupakantumpit.

13.

Pääsin nopeasti yli pahimman väristyksen
minkä tietokoneen hajoaminen aiheutti.
Meren hengitys ja laulukaskaat.
Sadekausi hiipuu.
Leonard Cohen on kuollut.
Jokainen runosi voi olla viimeinen.

Mietimme pimeässä,
miksi lepakot tekevät syöksyjä
bungalowin kuistilla.
Aamulla tajuamme
banaaniterttumme tulleen syödyksi.

Suoritan hälytyksen
havaittuani nurmikolla kohti uivan käärmeen.
Majoitusmestari tulee kuin suuri lintu
häätäen sen tulosuuntaansa.
Kuningaskobra, Ophiophagus Hannah,
käärmeiden syöjä,
mitä helvettiä sinä täältä etsit?

14.

Kuninkaallisen laivaston alus 458
on ilmestynyt horisonttiin yön aikana.
Pesen neljättä päivää hampaitani vasemmalla kädellä.
Sen sanotaan kehittävän ajattelun hevosvoimia.
Kuuntelen kaikenlaista.
Pitkähäntä venho jytisee ohi.
Sillä viedään noin tusinaa väinämöistä katsomaan
kuinka Moken-kansa globalisoituu rahaa vastaan.
Meille käy samoin Kiinan kanssa.
Ostamme itsemme orjiksi ja halvalla sittenkin.
On jo käynyt. Olemme jo ostaneet.
Sitä vastaan on paha nousta.
Eurooppa on kaluttu hedelmä.
Kuka nieli sen siemenet
sen paska olisi nyt arvokasta.

Aaltojen reunat tekevät mielestä mielenkiintoisen.
Muuten se olisi vain maisemaa.
Jokainen kansa on onneton omalla tavallaan.
Omamme kärsii tarpeettomasta nautinnosta.
Rapuherra seisahtaa kiireistään kivisokkeloon.
Sen periskoopit vilkkuvat.
Tervehdimme toisiamme kädestä kepin välityksellä.
Kyllä me keinot keksimme
jos vaan viitsimme.

On niin kuuma, että jos tuulisi tahtoisin siitä valokuvan.
Yritän olla yrittämättä liikoja, mutta se on vaikeaa.

Vuorovesi on pyöreän maailman perusperiaate.
En tule enää takaisin. Kiinalaiset tulevat.
Koralli on prosessi
kaikissa parran väreissä.

15.

Pyhä mies on oikeassa,
kynnet kasvavat sisään.
Tila niin ahdas
ettei mieleen mahdu muuta.
Turistin rinnassa
lämmin lompakko.

16.

Herätykseen enää kaksi tuntia aikaa.
Täytyisi saada nukutuksi,
että jaksaisi patikoida muutaman päivän vuoristossa,
mutta yksi taitavasti lentävä hyttynen
ja suursodan mahdollisuus pitävät hereillä.

Tilastot tietävät, että sotia soditaan kokoajan harvempia.
Ei minua niiden määrä huoleta
vaan laatu.

Pax Americana ja tax free freedom.
Valkopäämerikotkan siiveniskut näkymättömällä taivaalla.
Osua ja upota
yhden inisijän tähden,
jonka itse on päästänyt sisälle.

17.

Lehmä peruuttaa ulos ravintolasta
saatuaan almunsa
tai pyynnön poiketa myöhemmin.

Linja-auton moottori ei käy vielä.
Rakkineen soittolaatikkoa pidetään niin lujilla, että kori tärisee.
En kuule äänikirjaani.
Viime kerralla tekoäly otti siinä vallan
ja ryhtyi laskemaan piin arvoa
läpi tunnetun ja vielä tuntemattoman maailmankaikkeuden.
Om. Om. Om.
Olisin jatkanut siitä.

Paikalliset eivät tarvitse lippua.
He tuntevat systeemin
ja maksavat vasta autossa. Välikädet tippuvat.
Konduktööri elehtii sulkemaan ikkunat.
Ilmastointi on tulossa.

18.

Pyhiinvaellus, surun kiertoilmaus
elämän kehätiellä,
voiman tapa kehittyä,
niin että viimeiseksi kukistettavaksi
jää henkäys.

19.

Harva kiertää samaa aurinkoa, sanoit,
hiljaisuudessa sattui vain tauko.
Nyt rummutus on päättynyt.
Lepäät silmälasit päässä.
Vihreän teen mahti.
Kevyet unet
on syytä nähdä läheltä.

20.

Vuorilla sataa.
Lampeen pudonnut kirsikankukka on kuollut,
vaikka hehkuu vielä.
Karpit uiskentelevat verkkaisesti.
Heijastus on mielen ongelma.
Kiireettömyys, hiljaisuus ja nopea wifi
ovat matkalaiseen vetoava tuote. Seitsemän vuotta
on iltapäivän juttu.
Vain värähdys.
Väreily. Mieli alati liikkeessä. Jatkuvasti
jotakin toista kuin sen havaitsija.
Järki ei pysy perässä.
Luostarin antamissa housuissa on tasku vain oikealla puolella.
Vasen evä kahmii tyhjää.
Jos olisin karppi
uisin vastapäivään.

MÄYRY

21.

Tiedämme yöstä kaiken.
Olemme hänen jälkeläisiään
suoraan alenevassa polvessa.
Varikset ovat kasvaneet,
meriharakan munat viety.
Punaiset kahluusaappaat tyhjää täynnä.
Seuraavaan kevääseen
on vuoden matka.

22.

Alkaa satamaan.
Aika on nostettava sisälle.
Maali kuivuu.
Liike pysähtyy
melkein. Samoin kun muuallakin,
mutta tässä maassa
siihen suhtaudutaan erityisellä vakavuudella.

23.

Hän veistää uistimia
piilon ja tajunnan henkselit ristissä.
Toisiin mahtuu yksi, joihinkin useampi suu.

Niin hän on päättänyt kestää
ikuisuuden ajassa.

Rinnassa passi,
Citizen of Imagination.
Muualla kuin kotonaan.

24.

Hämähäkki suunnittelee uutta rakennusta
pois pyyhityn tilalle.
Siitä tulee Aleksandrian pääkirjasto.
Koko ikkunan leveydeltä
näköalaa. Ravintoa.
Sen muusain temppelin riippukeinuissa
on mukava harkita tulevia unia.

25.

Kynttilä käy pienemmällä paristolla kuin kello,
ja tunnelmoitsija,
niin luomulla kuin suinkin.

Menin kauas kuin härkäpapu kasvaa.
Tulin likinäköiseksi,
maailman taso laskee.

Kengänkiillottajien aika
on auttamattomasti mennyt.
Auringon ei vielä koskaan.

26.

Yleistäminen on kaiken keskustelun lähtökohta.
Katso taivaalle. Siitä mihin tähdet päättyvät
alkaa ihmisten avaruus.
Laita kengät jalkaasi, musiikki korviisi.
Älä kulje varoen.
Olet yksin. Yleinen valo.

27.

Runous, valkoisen tilan arkeologia,
on helppoa nykyisin.
Voit tehdä sitä kännykällä,
vaikka lenkkipolulla. Hirviporukat huom!
He luulevat, että olet Facebookissa tai WhatsAppissa,
mutta oletkin sielussasi
puhaltamassa pikseleitä sormenpäilläsi.

28.

Kun näet hyvän kuvan
ole häikäilemätön
ja ota se. Mitä parempi sitä nopeammin
se katoaa.
Siksi ikuisesta
ei ole kuin pian ja juuri äsken kuvia.

29.

Suomujen revontuli rahisee. Teräs kulkee
edes takas.
Kala päätä vailla.
Järven mieli.
Kärpäsen siivet
samaa kajoa.

30.

Perhonen, karttojen kartta,
riittäähän tämän päivän matkaksi,
että avaan ikkunan sinulle.

31.

Luulosta sairas. Astronautin kuukävely.
Älä katso taaksesi
ettet muuttuisi siksi
joka katsoo taakseen.

Happea riittää. Et ole yksin.
Pimeys on kanssasi
Kynnyksen yli.

32.

Kauden ensimmäinen lumisade
kuin jotakin peiteltäisiin.
Olen tunnin aikataulusta jäljessä.
Mikä onni, että päiväunet
suunniteltiin jo eilen.

33.

Uistimet keitinvedessä, lämpiää sauna.
Haluatko miljonääriksi, ensimmäinen kysymys.
Kaikki oljenkorret käytetty,
ikkunasta alkaa metsä.
Sitä ei oteta sinulta pois.
Arvasit oikein.
Vedet on kannettu.

ROADTRIP

34.

Ajamme kunnes asvaltti muuttuu hiekaksi.
Jatkamme syvemmälle.
Olemme perillä vasta kun päätämme olevamme perillä.
Järjestämme auton ja sen välittömän läheisyyden leiriksi.
Elämä ei tarvitse sähköä
ellet ole sähkölaitteessa kiinni.
Ei vessaa ei suihkua.
Kärpäset kuhisevat kuin ilmestyskirjassa.
Korvat, silmät, niskat ja suut ovat sotatoimialuetta.
Onneksi on verkot. Viiniä.

Haalin puuta ja laitan tulen. Olemme tienoon ainoat ihmiset.
Sinä laitat ruokaa.
Kaljun puun hangassa päivystää opossumi.
Juomme keltaisista muovikupeista.
Sillä on kokoonsa nähden valtavat silmät.
Meillä otsalamput. Hirvittävästi opittavaa
valtaamme nähden.

35.

Maankamara on luun valkoinen.
Aavikon kylmä siipi kylkeä vasten.
Matkailuvaunujen iltatoimet linnunradalla.
Minun on löydettävä oman henkilökohtaisen irrationaalisuuteni
kokoinen lohtu logiikan julmuudessa.
Siksi jatkan.
Maailma ei pääty ennen maailmanloppua,
eikä elämä pääty ennen kuolemaa.
Eikä siinä ole kaikki, koska minulla ei ole vastausta.
Muuta en kaipaa.

36.

Auton takaluukku pysyy auki.
Pidän sen lipan alla aurinkoa.
Sekalaisiin suuntiin lepattava resuinen puu ei riitä varjoksi.
Juon vettä kuin viimeistä ateriaani.
Muurahaiset pilkkovat matkustajakoneen kokoista herhiläistä.
Näyttötaulu näytti aamulla +36 Celsiuksen haitarilla.
Sinä olet pesemässä vedensuodatintamme camp kitchenissä.
Siihen oli jäänyt mutaa viime paikassamme.
Tähän olen tullut.
Varjoksi kuivaan maahan
jossa jokainen tippa maksaa tulevaisuuden hinnan.

Mietin kaikkea jätepuristimeen uhraamaani,
että teinkö oikein.
Minun on annettava itselleni sama vastaus
minkä kuoriutunut antaisi sille toukalle joka uskalsi kotiloitua.
Jos hän tietäisi miksi täällä eletään, ellei seuraavaa hetkeä varten,
hän ei katsoisi taakseen, eilisen kukintoihin
eikä muurahaisten työhön.

Sinä tulet takaisin.
Hana oli ollut aluksi tiukka, mutta auennut lopulta.
Nyt suodatin on puhdas.

37.

Valkoinen mies on toista maata.
Hän tonkii aina jotakin.
Nenäänsä. Opaaleja vuoresta tai kirkkoja
sen sisään.
Kävimme niistä kahdessa.
Siinä oli niin hiljaista
että pieninkin ääni olisi rikkonut sen täydellisesti.

38.

Astuin ulos kivestä. Yhteistä unta ei enää ole.
Tarkistin ilmansuunnat kartasta
ja laitoin kahviveden tulelle.
Se mikä on minulle rakasta lepää vapaan taivaan alla
auringon pulisongit kasvoillaan.

39.

Pullokauppa oli joulun takia kiinni.
Ostimme huoltoasemalta lihapiirakat ja puheaikaa.
Lisäksi tarvitaan digeridoo, taito kuunnella.
Raha on vaihdon väline.
Minun uskonnonharjoitukseni ei tarvinnut sitä
ennen kapteeni Cookia. Ei ennen pullon ilmestymistä,
kaikkia valkoisia metkuja.
Vaeltaminen on kallista.
Matkustaminen on kallista vain jos on rahaa.
Oikeaan osunut bumerangi
ei palaa takaisin.

40.

Palatessani nurkan takaa yöllä, näin miehen kömpimässä autoomme.
Karjuin kuin raakalainen,
mutta en tietenkään saanut antilooppia kiinni.
Poliisi oli paikalla nopeasti.
He nappasivat häiskän vielä leirintäalueen sisältä
ja löysivät pois heitetyn veitsen.
Oli sittenkin hyvä, että luulit häntä minuksi.
Muuten olisi voinut käydä pahoin
ja nyt sinua syytettäisiin aborginaalin taposta.

Tällä mantereella tulee suihkuista kuuminta kylmää vettä
mitä minä tiedän.
Paita kuivuisi nopeasti jos malttaisin olla nojaamatta siihen.

Ostimme jerrykannut täyteen halpaa bensaa.
Sen mikä matkalla hölskyi katolle, huuhtelin pois vedellä.
Emmehän tahdo palaa autoon.
Haju kyllä kuluu päivän mittaan pois.

Sanoit, että muistetaan tämä
kun suunnitellaan seuraavaa reissua.
Rakkautta ei voi oppia liitutaululta.
Eikä vettä riitä
kaiken opetetun pyyhkimiseen.

41.

Pilvien popcornit rätisevät mielen kamaralla.
Unemme vaeltavat missä vaeltavat.
Matka on tapetti
jota vasten sinä heijastut.
Korvien välissä on kaikki muu mitä tarvitaan.
Muuta pysyvää ei ole. Kuin unet, todellisuus.

42.

Etäisyys on mahtava suurennuslasi.
Vain passini matkustaa, minä asun täällä.
Älä murehdi, kukaan ei rakasta sinua sellaisena kuin sinä olet.
On keskipäivä, polttoainetta on vielä yli puoli tankkia
ja moottorin lämpö pysyy huolettomuuden rajoissa.
Sinun on joko tasapäistyttävä tai kestettävä.
Kun viimeinenkin kulkee samaan suuntaan liike lakkaa.
Termiittien punatiiliset pagodat jatkuvat silmänkatamattomiin.

Suomessa oli itsenäisyyspäivä.
Se on minun kirjoissani samassa kirjassa
kuin jouluruoka ja muu keskiaika.
Joskus muinoin itsetuntemuksen saavuttamiseen riitti naimisiinmeno
ja päivittäinen jutunpito äijien kanssa agoralla.
Nykyisin siihen on Facebook ja muut sosiaaliset mandalat.
Älä murehdi, sinua ei ole sellaisena kuin sinä väität.
Aamiaiseksi oli nuudeleita, siemeniä ja hedelmiä.

Näin Anzac-museossa sydämen
muotoon leikatun ottomaani-soltun tuntolevyn.
Se oli niin pieni ettei siihen ollut osunut.
Ottomaaniin oli.
Mitään muuta hän ei tappajansa silmissä ollut.
Termiitit ovat sokeita.
Pyhiinvaellus ilman järjestäytynyttä rakkautta.

43.

Parkkeeraamme keskelle huolittelematonta nurmikkoa.
Puun alla hyppii sirkkoja.
Syömme burgerit
mantereen lyhyimmäksi mainostetulla baaritiskillä.
Katsomme verannalla yhden jakson poliisisarjaa
ja menemme takaisin nukkumaan.
Sateiset päivät ovat auringonlaskuista tehty.

44.

Ei ole väliä minkä värisen paidan puet päällesi,
tunnistatte kyllä toisenne.

Jääkaappi tyhjätään tiistaina.

Viimeiset 65,5 miljoonaa vuotta on keskimäärin satanut.

Sininen lappu liitetään tuoreeseen,
punainen sellaiseen ruokaan joka menee vanhaksi.

Lappuja ja kuminauhoja saa toimistosta.

Munalukko varoo varkaita. Republikaani seuraa demokraattia.

Tulevaisuus ei auta. Se tulee väistämättä.

Sitten iski meteoriitti ja pienimmät saivat jalansijaa.

Apinat alkoivat kutsumaan toisia rotiksi.

Keskimmäisen puoleinen liikenne oli ensiksi.

Sitten tulivat väärä ja oikean käden puoleinen.

Kun kuningatar käskee on paskattava oli tahtoa eller ei.

Mitä milloinkin sillä on mielessä. Ja välillä siellä on kuningas.

Australialaiset ja uusiseelantilaiset sotivat kaksi eurooppalaisten sotaa
ja palasivat niiden päätyttyä kotiinsa.

Yhdysvaltalaiset eivät palanneet.

He tekivät sotimisesta vapauden kiertoliittymän.

Mikään määrä tähtiä ei ole riittävästi kun siihen bisnekseen ryhtyy.

Yöllä ei ole taivasta. Silloin on avaruus.

Linnunrata ei ole kilpailu. Silmien preeria.

Hiljaisuus tulee 10 pm. Viimeinen ei voita mitään.

Auringot toimivat ajastuksella.

45.

Leiriytyminen menee rutiinilla.
Kierrän auton pumpaten hyönteistorjuntaa
sen jokaiseen ylettämääni soppeen.
Muurahaissiirtokunnasta on päästävä.
Se uhkaa elämäntapamme perusteita.

Kun portti avataan, nuorin sonni näyttää aloitekykyä
juoksemalla puolesta välistä perille.
Vanhemmat tietävät jo, että olkoon siellä astutus tai lahti,
niistä riittää jokaiselle.
Joessa ankkoja, muutama hanhi, lintuja puissa.
Päätämme olla toisen yön.
Keskiajalla hanhet toimivat varoitusjärjestelmänä.
Niiden kaakatuksesta äkkäsi, jos vihollinen lähestyi linnaa.
Australiassa ei ollut keskiaikaa.
Täällä olisi pitänyt ponkaista uniajasta täyteen valveeseen ilman kahvia.
Aika muuttui kiireeksi ja sima energiajuomaksi.
Sellainen vaatii totuttelua.

On aivan liian kuuma päiväunille.
Hanhi napsuttaa jotakin nurmikolla.
Siinä minun koti-ikäväni.
Hyväksyä kauneus sellaisena,
että se olisi mahdollisimman vähän keneltäkään pois.
Valita pilvi jolla on tutuimmat kasvot syvimmässä sinessä
ja sulkea silmät.

46.

(gekko)

Sinä olet toinen minä.
Surffaat auton aallolla ajan valensseissa.
Havahdut ajatuksistasi.
Livahdat hitain harkituin liikkein ikkunan välistä
takaisin oven sisään
syömään muurahaisia.
463 kilometriä myöhemmin
olet saapunut uuteen maahan,
vatsa täynnä,
ja tyttöni onnelliseksi tehneenä.

47.

En ole koskaan kokenut mitään täysin uutta.
Lähelle olen päässyt, mutta sitten on tullut raja vastaan.
Puiston kulmassa seisoo pittoreskisti rustiikkinen kirkko.
Lähempänä näemme, että sen kuorissa toimii nykyisin mainostoimisto.
Maitolasinen lattia. Lasiovi. Summeri ja pöllön silmä.

Ostin eräliikkeestä puukon ja merinovillaiset sukat.
Melbournen satamassa,
meiltä otettiin pois kaikki ylimääräinen polttoaine.
Olimme paloturvallisuusriski Spirit of Tasmanialle
sekä kassavirtaongelma taloudelle.

Odotan näkeväni pussihukan,
vaikka ne ovat kuolleet sukupuuttoon sata vuotta sitten.
Ihmiset ovat erehtyväisiä.
Kuinka ei siis olisi luonto.

48.

Elämä on suora lähetys. Kaikki kuolematon
on jonkun elävän sanomaa.
Kun ihminen kuolee
vuodet muuttuvat numeroiksi.
Elän vain kahdesti
eikä se ole naurunasia.

49.

Voiko maailmanjärjestyksen peruuttaa,
tämä auto ajoi puuhun.
Akka lähti.
Kymmenen vuoden päiväunet.
16 lehmää lihoiksi.
Kaksi päärakennusta, kolme - neljä muuta.
Roinaa niin maan perusteellisesti.
Seitsemän röörin kallo.
Luonto syö läpi
40 hehtaarin aivot.
Kuivalla maalla
lahoava meri.

50.

Ollessani aamutoimilla
Hundertwasserin suunnittelemassa vessassa
ja puoli linja-autollista kameroita tunkee miesten puolelle,
ymmärrän äkkiä
mitä asiaa
tähdenlennoin puhuvalla yöllä oli.

51.

Ilmainen leirintäalue täyttyy vääjäämättömästi
kuin monenkeskinen Tetris.
Ilma on leppeä, lähes pilvetön.
Taivas ja maa
yhtyvät viereisessä teltassa.
Meidän majassa hakkailee yskä.
Toisesta naapurista tuotiin Tui-merkkinen olut kiitokseksi,
kun en kieltänyt heitä ripustamasta pyykkejä
pressukatoksemme naruihin.

Tui-tui. Yöt kylmenevät etelään mentäessä.
Tuikku siristelee
muovipullosta kyhätyssä lyhdyssä.

Värit vetäytyvät. Joki palaa
vähitellen äänekseen.

52.

Olimme tänään paikassa, josta näki jäätikön reunan.
Ilmastonmuutoksesta johtuvista turvallisuussyistä
lähemmäksi ei saanut mennä ilman helikopteria.
Polun varteen pystytetystä plakaatista näki
mistä on kysymys: jää sulaa huimaa vauhtia.
Otin siitä kuvan.
Nykyisin näkee harvoin kuvia,
jotka kertovat enemmän kuin muutaman sanan.

Ahneus on globaali luonnonvara.
Se on tuonut ihmissuvun niin pitkälle kun on
ollut ensin välttämätöntä ja sittemmin mahdollista.
Käveleminen on edelleen maailman nopein kulkuneuvo.
Sillä pääsee liikkeelle heti. Helikopteri pitää ensin ostaa.

Pysähdymme syömään eväitämme.
Huipun silmille valahtanut pilviseppele
heittää varjonsa kauas.

53.

Hänen tyhjiinvaelluksensa on kesken,
mutta hän on tullut kotiin.
Meren lakkaamaton aaltopelti ja puiden suonikohjut
ovat hänen kulissinsa ilmaista se mikä on kaikkialla.
Ei hän jäänyt henkiin,
puute vain pysähtyi paikallisväreihin
selfien ajaksi.

54.

Toivon köynnökset
uhkaavat
mielettömyytemme herkkyyttä.

To All New Arrivals by John Pule.

Kääreliinoissa on jotakin jumalaista, poissaolo
joka ei havaitse itseään.
Ilmestyksessä on jotakin inhimillistä, kaikki lyijyllä kastettu.
Aseet, joukkovoima, kärsimys. Kaikki pelon diffuuserit.

Me elämme, mutta emme tiedä miten.
Ei ole väliä kenen heittämän koukun peto nielaisi.
Nyt se on kiskottava valoon
ja nyljettävä.

Maailman ainoa aarre on yhteinen.

Unet märkivät.
Rannan viimeinen puu kasvaa
kanoottiasi varten.

SISÄLLYSLUETTELO

KAHDEN REPUN REISSU

MÄYRY